Einsterns Schwester

Projektheft
Wale

Herausgegeben von
Roland Bauer, Jutta Maurach

Erarbeitet von
Annette Schumpp

Dieses Buch gibt es auch auf www.scook.de

Es kann dort nach Bestätigung der Allgemeinen Geschäftsbedingungen genutzt werden.

Buchcode: b48kt-4rocg

Cornelsen

Inhaltsverzeichnis

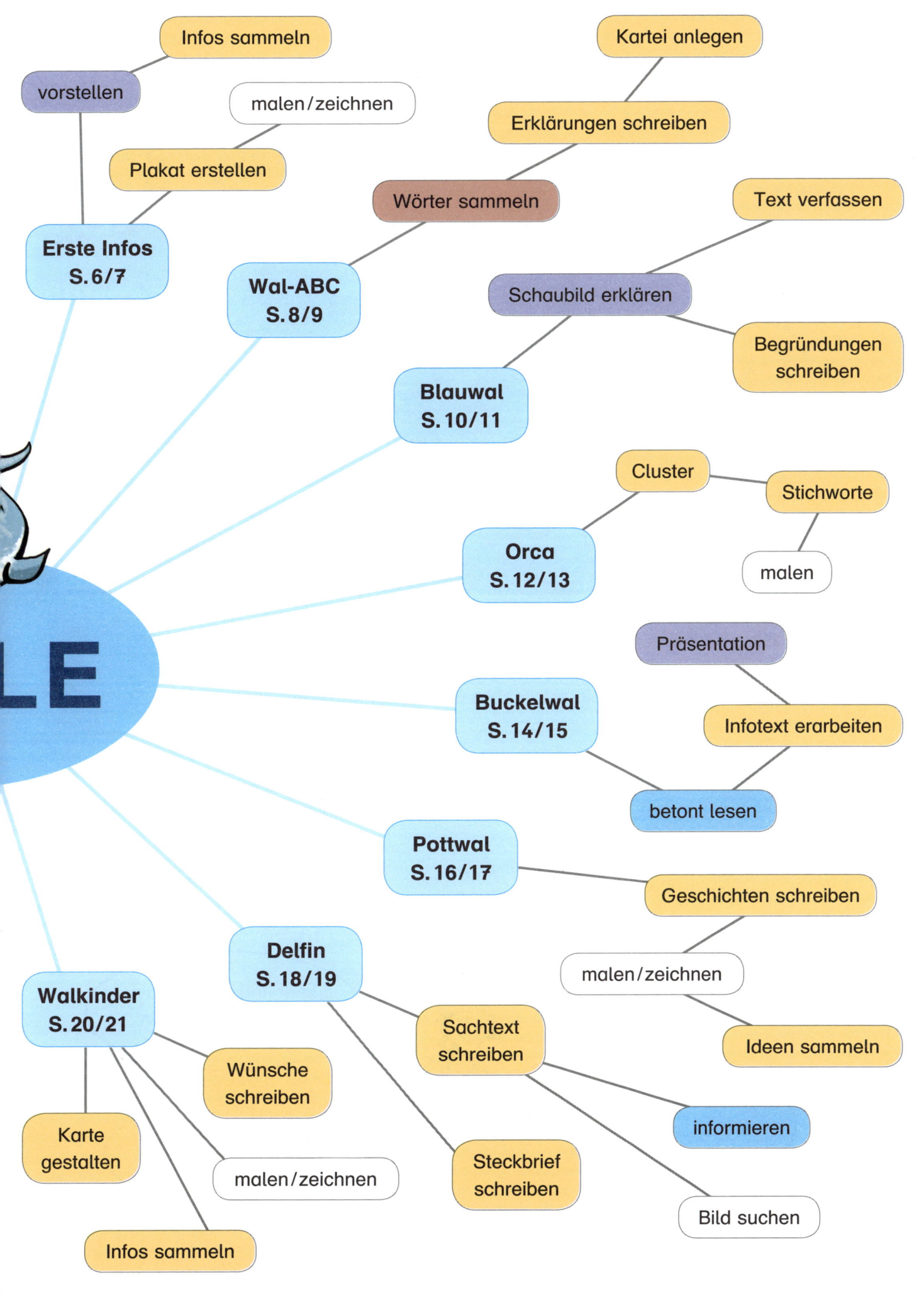

Ein Projektheft über Wale – Wieso, weshalb, warum?

Von diesem Wal könnt ihr nur noch seine mächtige Fluke,
also seine Schwanzflosse, bestaunen.
Er taucht in eine noch wenig erforschte und geheimnisvolle Welt ab –
das Meer.
Mit diesem Projektheft könnt ihr etwas von den Geheimnissen
dieser Meerestiere entdecken und etwas von der Begeisterung
der Menschen spüren, die sich mit Walen beschäftigen.

Für eure Projektarbeit wünschen wir euch
viel Freude, Neugier, Ideen und Ausdauer.

Und so geht es:

Zu jeder Doppelseite könnt ihr immer auch:

- einen Text zusammenfassen oder abschreiben,
- Bilder malen und beschriften,
- eigene Geschichten erzählen oder schreiben,
- weiterforschen,
- kleine Vorträge vorbereiten und halten,
- ein Plakat gestalten,
- und ganz wichtig: eure eigenen Ideen einbringen.

Und so könnt ihr eure Arbeitsergebnisse sammeln und präsentieren:

Erste Informationen über Wale sammeln

Wale sind an das Leben im Wasser sehr gut angepasst, gehören aber zu den Säugetieren. Die Bezeichnung „Walfisch" ist also genau genommen falsch.

Eine dicke Fettschicht unter der Haut verhindert, dass Wale im kalten Wasser auskühlen.

Ihr Körper ist stromlinienförmig gebaut. Die schnellsten Wale erreichen Geschwindigkeiten von 65 Kilometern pro Stunde.

Für den Antrieb beim Schwimmen sorgt die große Schwanzflosse oder Fluke, die auf- und abgeschlagen wird. Die Vorderflossen dienen der Steuerung.

Als Säugetiere atmen die Wale Luft und müssen somit regelmäßig zur Wasseroberfläche aufsteigen. Dort stoßen sie zuerst die verbrauchte Luft aus. Man sieht eine Wasserfontäne, den Blas. Danach atmet der Wal ein.

Wir unterscheiden zwei Gruppen von Walen.

Die Zahnwale haben spitze kegelförmige Zähne im Kiefer und fangen Fische, Robben und Pinguine. Zu ihnen gehören die Delfine sowie der Schwertwal.

Die Bartenwale haben anstelle von Zähnen lange, säbelartige, flache Barten. Diese stehen eng nebeneinander und bilden ein Sieb. Die Bartenwale filtern damit Kleinstlebewesen wie den Krill, einen kleinen Krebs, aus dem Wasser.

Kinderbrockhaus

Wal – Fisch – Walfisch? Was meinst du dazu?

So fühlt sich die Haut eines Wals an:
Stellt einen Gummistiefel in einen Behälter mit Wasser. Tastet mit geschlossenen Augen am Stiefel entlang und denkt dabei an einen Wal.

→ siehe Seite I

Körperteile eines Bartenwales

Die **Fluke**, also die Schwanzflosse, ist bei den Walen wie ihr Fingerabdruck. Walforscher fotografieren bei ihren Fahrten übers Meer die Wale und ihre Fluken. Anhand ihrer Form und Farbe können sie die einzelnen Wale wiedererkennen.

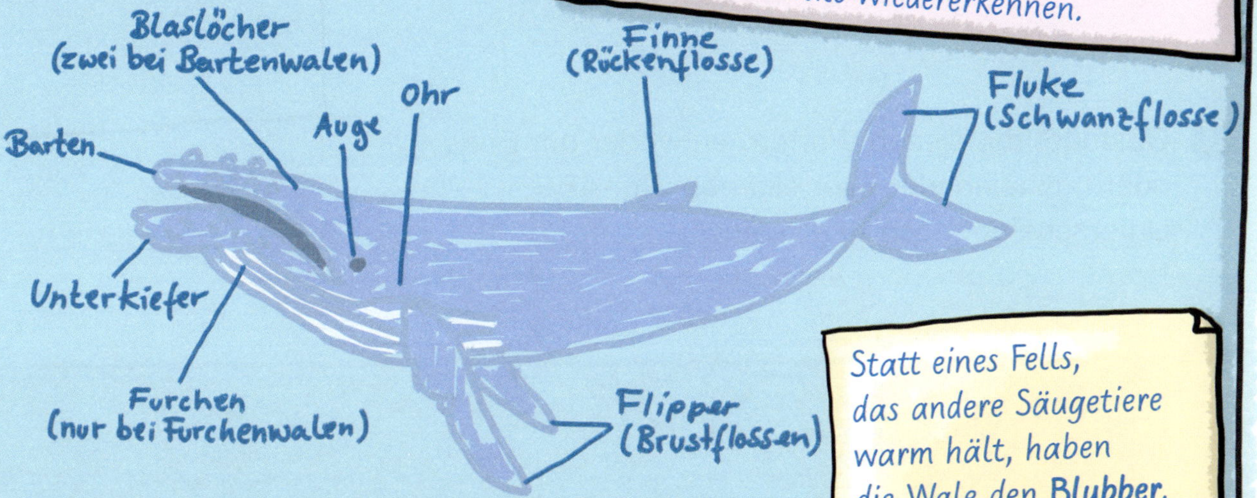

Beschriftungen:
- Blaslöcher (zwei bei Bartenwalen)
- Barten
- Auge
- Ohr
- Finne (Rückenflosse)
- Fluke (Schwanzflosse)
- Unterkiefer
- Furchen (nur bei Furchenwalen)
- Flipper (Brustflossen)

Am **Blas**, der Wasserfontäne, die beim Atmen aus den Blaslöchern kommt, erkennen Walforscher, welche Walart unterwegs ist.

Statt eines Fells, das andere Säugetiere warm hält, haben die Wale den **Blubber**. Diese sehr dicke Speckschicht schützt die Wale vor der Kälte des Meerwassers. Der Blubber kann mehr als 50 cm dick werden.

1 Gestaltet ein Plakat über Wale:

a) Malt einen Wal in die Mitte und beschriftet ihn.

b) Sucht aus den Texten wichtige Informationen heraus und schreibt sie um den Wal.

c) Folgende Begriffe sollten auf jeden Fall auftauchen:

| Säugetier | Fisch | Zahnwal | Bartenwal |

| atmen | Fluke | Nahrung | Blubber |

2 Stellt eure Plakate in der Klasse vor.

→ siehe Seite I

Ein eigenes Wal-ABC anlegen

Wenn ihr euch mit den Walen und ihrem Lebensraum, dem Meer, beschäftigt, begegnet ihr vielen Wörtern aus dieser fremden Welt. Diese Seite zeigt, wie ihr ein eigenes Wal-ABC mit Wörtern zum Thema **Wal** anlegen könnt. Die folgenden Hinweise helfen euch dabei:

① Sammelt Wal-Wörter (Nomen, Verben, Adjektive …) während der gesamten Projektarbeit.

② Gestaltet mit diesen Wörtern entweder am Ende oder nacheinander euer eigenes Wal-ABC. Unterscheidet nach Wortarten:

Nomen – blau   Verben – rot   Adjektive – grün

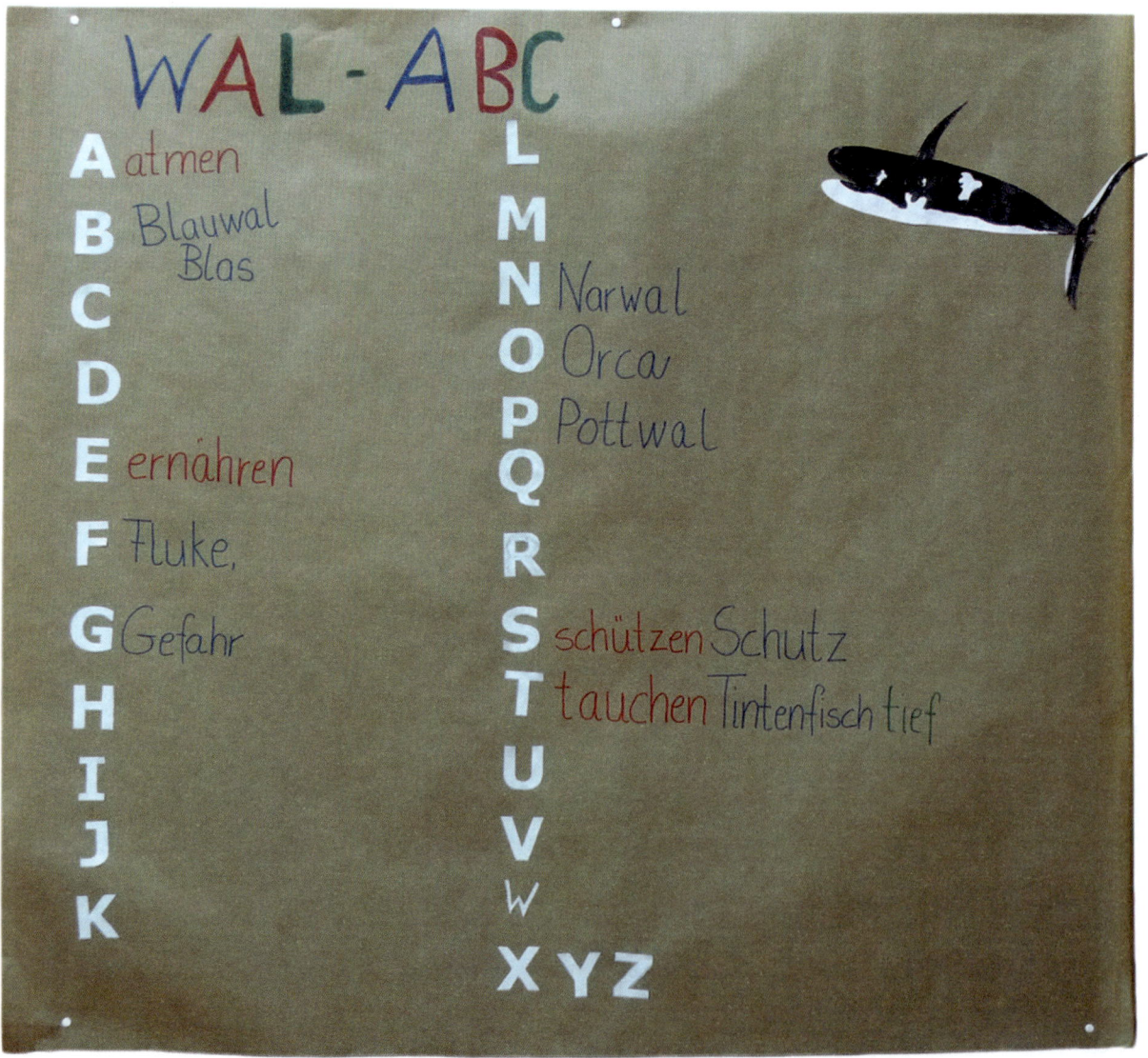

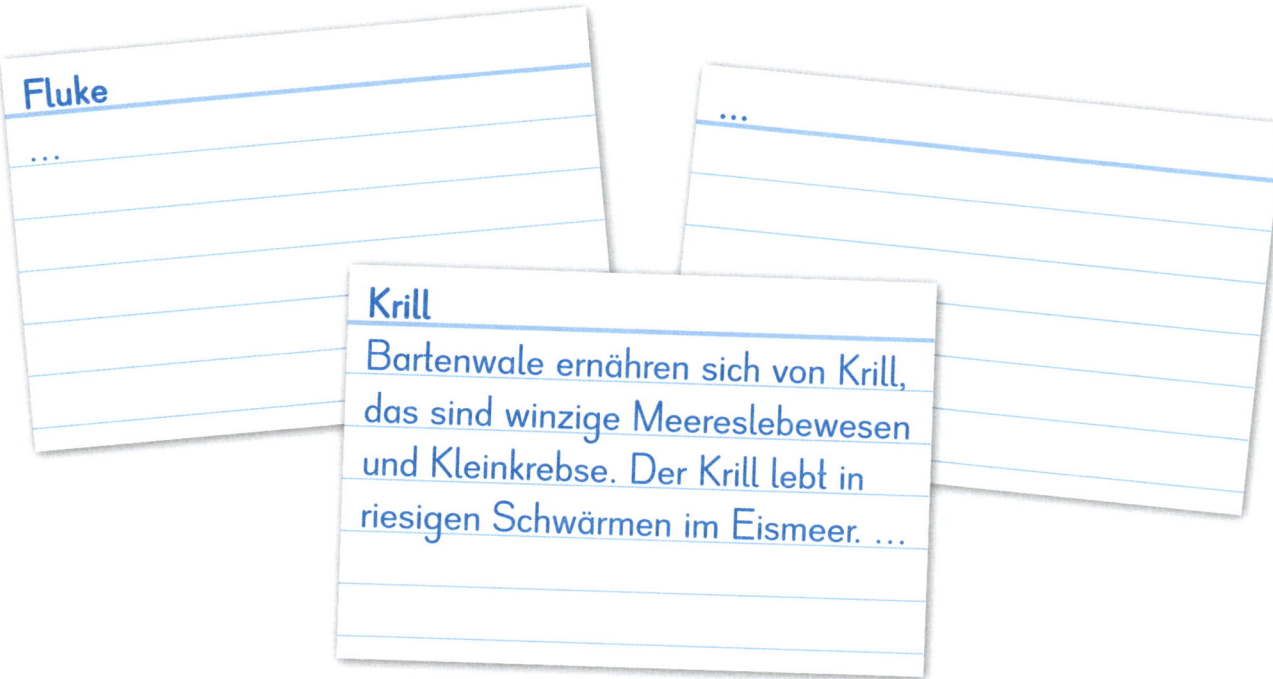

3 Schreibt kurze Erklärung für die Wörter, die euch schwierig erscheinen, auf Karteikarten.

Als Karteikasten kann auch ein Kinderschuhkarton helfen.

4 Legt mit diesen Wörtern eine Klassenkartei über Wale an.

→ siehe Seite II

Den Blauwal kennen lernen

1 Lest den Text.

Der Blauwal ist das größte lebende Tier der Erde.
Die Menschen, die ihn zu Gesicht bekommen, sind überwältigt
von seinen gigantischen Ausmaßen.
Nur in der Schwerelosigkeit des Meeres konnten diese Tiere
im Laufe der Jahrmillionen so groß werden. An Land würden
ihre inneren Organe durch ihre Masse erdrückt werden und
die Tiere könnten nicht überleben.
Im Wasser wirken sie trotz ihrer Größe schlank und elegant.
Das Herz eines Blauwals hat die Größe eines kleinen Autos
und durch ihre Hauptschlagadern könntest du hindurchkriechen.
Seine Zunge ist so groß wie zwei Pferde und wiegt so viel
wie ein Elefant. Erwachsene Tiere sind in der Regel 25 m – 30 m lang.
Wenn du das gigantische Maul eines Blauwals betrachtest,
denkst du vielleicht: Bestimmt verschlingt er auch riesige Tiere!
Doch im Gegenteil! Gigantisch sind nur die Mengen, die ein Wal frisst.
Blauwale gehören zu den Bartenwalen und wie alle anderen
Bartenwale ernähren sich auch diese riesigen Wale von Krill,
kleinen Krebsen und Plankton.
Davon braucht jedes Tier vier Tonnen am Tag, um satt zu werden.
Dafür fressen sie in den Wintermonaten nur sehr wenig und
leben von ihren Fettreserven.

Blauwale leben in allen Ozeanen.
Sie legen im Jahr viele tausend Kilometer zwischen den Polen
und dem Äquator zurück.
Sie leben weit draußen im offenen Meer und halten sich meist
nicht in der Nähe von Küsten auf.

2 Ein Blauwal ist gigantisch, weil …
Sucht im Text auf Seite 10 Begründungen und schreibt diese so auf:

Ein Wal ist gigantisch,
– weil …
– weil …
– …

3 Erklärt das Schaubild Wal – Elefant – Auto.
Überlegt, womit ihr den Blauwal noch vergleichen könnt.
Erstellt mit euren Ideen ein eigenes Schaubild.

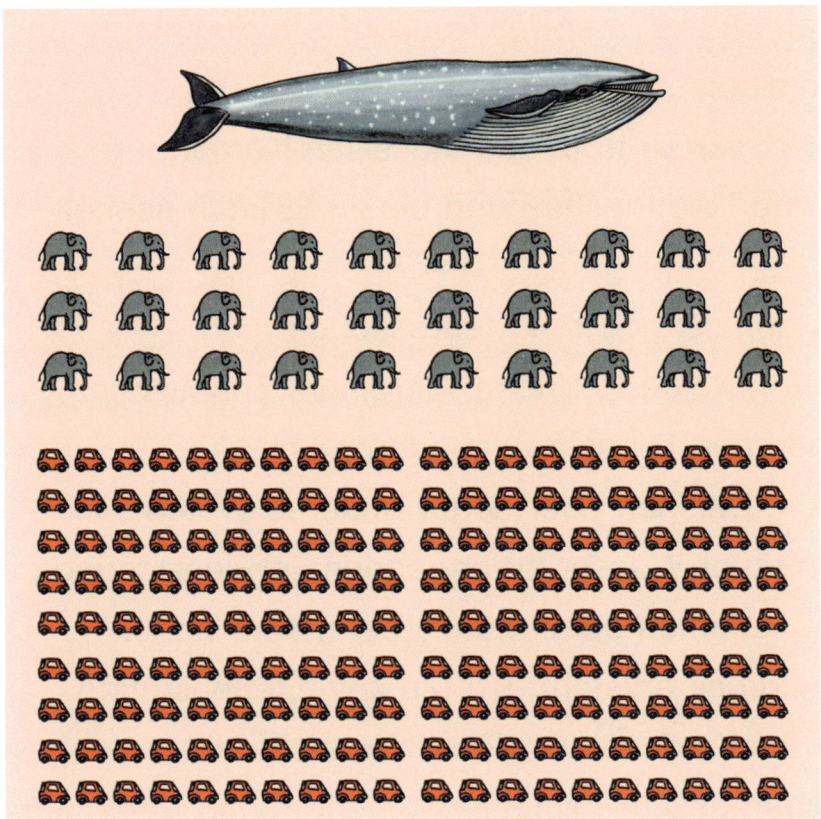

Das Schaubild vom Wal, von den Elefanten und den kleinen Autos veranschaulicht das enorme Gewicht des Blauwals. Ein Blauwal wiegt zwischen 100 t und 200 t. Im Schaubild siehst du einen Blauwal, der 150 t wiegt.

Zeichnet den Umriss eines Blauwals in seiner vollen Größe mit Kreide auf euren Schulhof. Oder legt ihn mit einer Schnur oder Stöcken auf einer Wiese. Legt euch in den Umriss und macht ein Foto für eure Dokumentation.

→ siehe Seite III

Einen Vortrag zum Orca vorbereiten

Regine Frerichs liebt das Meer und ist Walschützerin bei der Umweltschutz-Organisation Greenpeace. Sie ist oft monatelang auf den Polarmeeren unterwegs, um die Wale vor den Walfängern zu schützen.

In ihrem Buch schreibt sie auch über Orcas und ihre Beobachtungen.

1 Lest den Text.

> Auf den Lofoten beobachten wir nicht nur Orcas,
> wir schnorcheln auch mit diesen großen Schwertwalen.
> Oberkopf, Brustflossen und Fluke sind schwarz,
> während Kehle und Bauch weiß bleiben. Das Schwarz-Weiß wird
> nur durch einen grauen Fleck hinter der Rückenfinne durchbrochen.
> Orcas gehören zur Familie der Delfine.
> Mich begeistert ihre Wendigkeit trotz des massiven Körpers.
> Bis zu 15 Minuten können sie tauchen und bis zu 55 km/h schnell
> schwimmen.
> Damit gehören sie zu den schnellsten Meeressäugern.
> Sie ernähren sich nicht nur von Heringen, Sardinen, Thunfischen,
> Lachsen, Stachelrochen und Dorschen, sondern auch
> von Pinguinen, Robben, Delfinen oder sogar anderen Walen.
> Diesen großen Jägern unter Wasser zu begegnen, ist Faszination pur.
> Sie sind neugierig und kommen damit häufig sehr, sehr nahe.
> Damit kein falscher Eindruck entsteht: Ich bin keine lebensmüde
> Abenteuerin. Denn ich weiß, dass wir Menschen nicht ins
> Beuteschema der Orcas passen – zumindest nicht in den Regionen,
> in denen sie sich von Heringen ernähren.
> Und ich vertraue darauf, dass Orcas das auch wissen.
> In anderen Gebieten, in denen sie Robben jagen,
> steige ich auch nicht zu ihnen ins Wasser.

Regine Frerichs

2 Stellt eine eigene Mindmap zum Orca her.
Damit könnt ihr einen Vortrag über die Orcas vorbereiten.

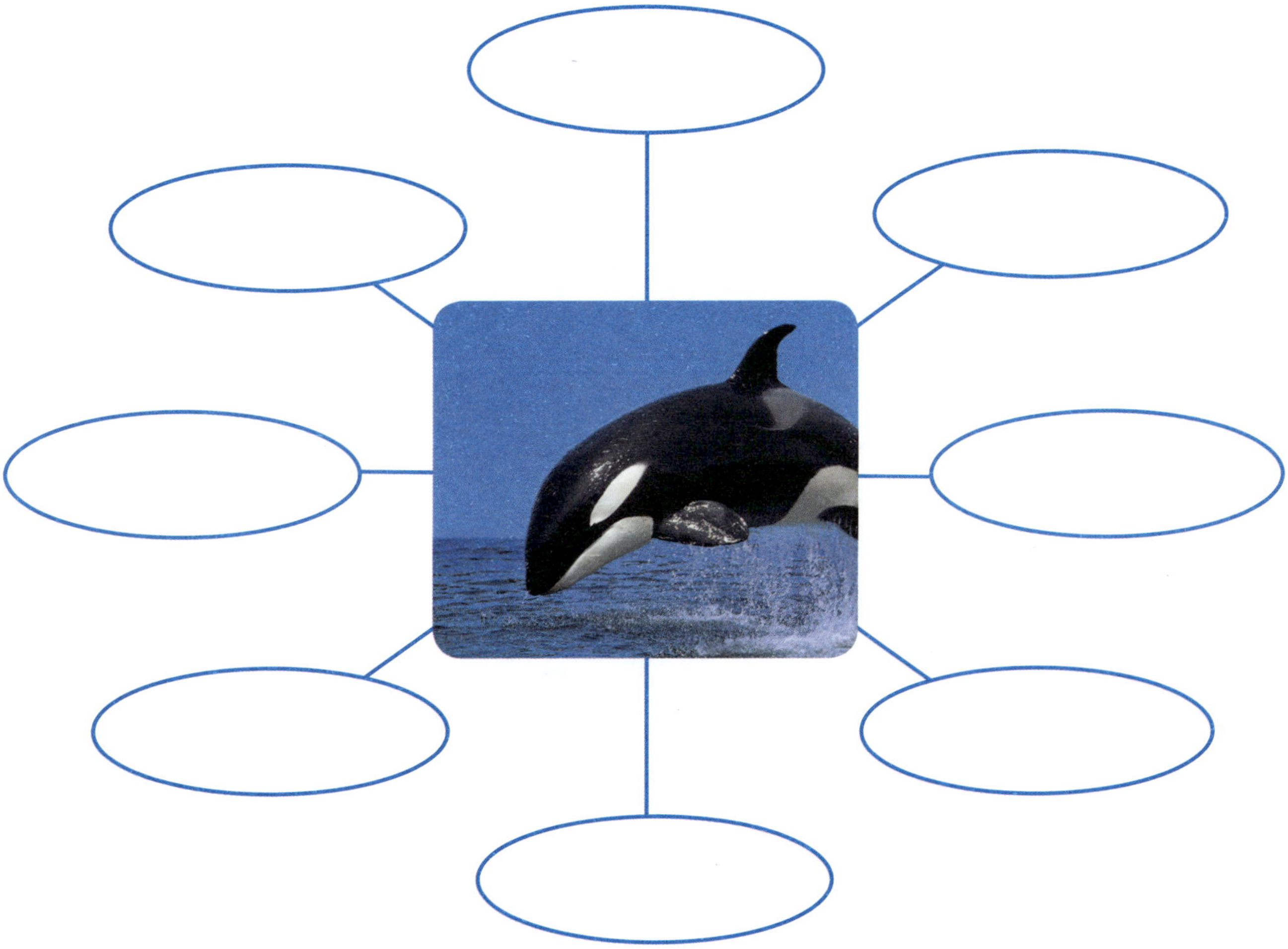

Mindmap heißt Gedankenkarte.

a) Notiert alle wichtigen Informationen aus dem Text auf Seite 12 in Stichworten auf Memo-Kärtchen. Verwendet dabei für jede Info ein eigenes Kärtchen.

b) Malt einen Orca oder verwendet ein Poster und ordnet außen herum eure Karten an.

Ein besonderer Lesehinweis:
Schwertwale – Kraftpakete im Ozean in: GEOmini 9/2015

Zu den Buckelwalen, den Sängern im Meer, forschen

1 Lest euch das Gedicht **Walgeschichte** gegenseitig so vor, dass ihr den langen und schönen Gesang des Buckelwals hören könnt.

Walgeschichte
Es war einmal ein Wal.
Ausgerechnet ein Wal?
Ja. Auch ein Löwe war einmal, gewiss,
ein Fuchs, ein Esel, ein Wolf, sogar
mehrere Wölfe, ein ganzes Rudel.
Fast alles war einmal.
Oder auch mehrmals!
Ja. Aber einmal, da war es eben ein
Wal, ein Buckelwal, ein alter Buckelwal.
Ein einziger?
Einer, ja. Es gab auch andere, aber
dieses eine Mal, da war es einer.
Und was ist mit ihm?
Er sang.
Das hab ich mir gedacht: Er sang!
Ja, das tat er. Er schwamm im Meer und
sang.
Und?
Und schwamm und schwamm und
sang. Das war's. – Und wie er sang!
Wie denn?
Lang und schön.
Du hast ihn gehört?
Nur die Geschichte. Es sei einmal ein
alter Buckelwal gewesen, habe ich
gehört, der schwamm und sang. Und
sein Gesang sei so –
Was?
Lang und schön gewesen.

Jürg Schubiger

 2 Erarbeitet in eurer Gruppe den Infotext über den Gesang der Wale.
Sprecht darüber, bis ihr euch als Fachleute fühlt.

Infotext über den Gesang der Wale

- Bartenwale können sich mit tiefen Tönen mit anderen Walen verständigen. Besonders berühmt sind die Gesänge der Buckelwale.

- Sie singen aber nur in den Brut- und Paarungsgebieten. Man kann den Gesang unter Wasser über Hunderte von Kilometern hören.

- Es wird vermutet, dass nur die männlichen Wale singen.

- Die Gesänge gleichen sich bei allen Walen, die sich im gleichen Gebiet aufhalten.

- In jeder Saison wird der Gesang etwas verändert, so dass sich das Lied nach etwa fünf Jahren komplett geändert hat.

- Auch bei den Gesängen der Buckelwale gibt es Melodie und Rhythmus wie bei unseren Liedern. Bei den Walgesängen wechseln sich sogar Strophe und Refrain ab.

 3 Bereitet aus dem Gedicht **Walgeschichte** und dem Infotext eine kurze Präsentation vor.

Im Internet könnt ihr euch den Gesang des Buckelwals anhören.
Gebt auf http://www.youtube.de **Der Gesang der Buckelwale** ein.
Ein besonderer Lesehinweis:
Buckelwale – Artisten der Ozeane in: GEOmini 10/2014

Fantasiegeschichten über Pottwale schreiben

1 Lest den Text.

Pottwale sind die größten Zahnwale.
Die männlichen Tiere werden bis zu 18 m lang,
die weiblichen Tiere nur etwa 12 m.
Auch im Gewicht ist der Unterschied
sehr groß. Die Pottwalbullen können knapp
50 000 kg wiegen, etwa dreimal so viel
wie die weiblichen Tiere.

Pottwale sind unter allen Meeressäugern die perfekten Taucher.
Ihre normale Tauchtiefe liegt bei 300 m bis 800 m. Dabei können sie
zwischen ein und zwei Stunden unter Wasser bleiben. Es gibt jedoch
auch Ergebnisse von Forschungen, die besagen, dass die Pottwale
bis in Tiefen von vielleicht sogar 3 000 m tauchen können.

Wie es tatsächlich in solchen Tiefen des Meeres aussieht,
ist nur wenig erforscht. Spätestens ab 1 000 m herrscht
absolute Dunkelheit. Vermutlich orten die Pottwale ihre Beute
mit Sonar, ihrem Schallortungssystem.
Im Magen von Pottwalen wurden Reste von großen Tintenfischen
und geheimnisvollen Riesenkraken gefunden.
Außerdem fand man auf den Körpern von Pottwalen
Narben von Saugnäpfen der Riesenkraken.

Das Leben der Pottwale und der Lebensraum Tiefsee
sind noch ein großes Geheimnis.

2 Denkt euch eine Fantasiegeschichte aus.
Sammelt Ideen, wem ein Pottwal auf seinem Tauchgang in die Tiefsee begegnen kann und welche Abenteuer er erlebt.

> Auch welche Meereslebewesen den Pottwalen auf ihrem Weg in die geheimnisvollen Tiefen „begegnen", ist noch ziemlich unerforscht. Vielleicht gibt es in den unbekannten Tiefen heftige Kämpfe zwischen Pottwalen und Kraken?
> Wie sehen die Fische in diesen Tiefen aus?
> Wie finden sie sich in der Dunkelheit zurecht?

Ob es wohl so unter Wasser bei den Walen aussieht?

3 Schreibt eure Geschichte auf.

4 Malt ein Bild zu eurer Geschichte.

a) Nehmt einen großen Bogen Malpapier.

b) Zeichnet mit einem dicken, wasserfesten schwarzen Filzstift Fantasiefische und alles, was dem Pottwal in der Tiefe begegnet.

c) Malt eure Zeichnung mit Wasserfarben an.

d) Färbt den Hintergrund in den dunklen Farben der Tiefsee ein.

> Hier könnt ihr weiterlesen:
> WAS IST WAS, Band 85

Delfine vorstellen

1 Schreibt einen Sachtext mit den Informationen aus dem Steckbrief.

Steckbrief:	**Delfin**
Familie:	Säugetiere, Wale, Zahnwale, Delfine
Lebensraum:	fast alle Meere der Welt
Gruppen:	gesellige Tiere, leben in großen Gruppen, den sogenannten Schulen
Nachwuchs:	alle 2–3 Jahre ein Junges
Aussehen:	– stromlinienförmiger Körper
	– dreieckige Finne, zwei Flipper, eine Fluke
	– schnabelförmiger Kiefer, lange Schnauze
	– auf dem Kopf runde, höckerartige Wulst: die Melone
	– auf dem Kopf das Blasloch
	– unterschiedliche Grautöne
Größe:	zwischen 1,50 m bis 4 m lang
Gewicht:	bis zu 135 kg
Alter:	einige Arten werden bis zu 37 Jahren alt
Ernährung:	Fische, Kalmare, Krebse, Kraken
Feinde:	Mensch, große Haie
Besonderheiten:	ausgefeiltes Echoortungssystem
	geschickte, schnelle Jäger: gemeinsame Jagd in der Gruppe, Einkreisen eines Fischschwarms

2 Sucht ein Bild zu eurem Sachtext.

Die bekannteste Delfinart heißt Großer Tümmler.

Über die schlauen „Delfine – Die Überflieger der Weltmeere" schreibt voller Begeisterung Nicole Röndigs in: Geolino 9/2014.

 3 Informiert euch in Sachbüchern zu folgenden Fragen:

a) Wollen Delfine immer nur spielen?

b) Warum singen, pfeifen und quieken die Delfine?

c) Was haben ein Delfin und eine Fledermaus gemeinsam?

 4 Wählt einen anderen Wal aus. Erstellt zu diesem einen Steckbrief.

Steckbrief:
Familie:
Lebensraum:
Gruppen:
Nachwuchs:

Steckbrief: Beluga
Familie:

Steckbrief: Narwal

Im Meer geboren – Walkindern Glück wünschen

1 Lest den Text über die Walkinder.
Besprecht, was euch wichtig erscheint.

Buckelwal-Frauen bekommen alle zwei oder drei Jahre ein Junges.
Die Schwangerschaft dauert ungefähr ein Jahr.
Das Junge wird mit dem Schwanz zuerst geboren,
anders als andere Säugetier-Kinder.
Das ist eine Anpassung an das Wasserleben.
So wird verhindert, dass das Baby Wasser einatmet.

Gleich nach der Geburt versucht das Junge,
die Wasseroberfläche zu erreichen.
Die Mutter hilft ihm dabei und schubst es vorsichtig nach oben,
damit es seinen ersten Atemzug tun kann.

Schon eine halbe Stunde nach der Geburt kann das Wal-Baby
gut schwimmen.
Ein Neugeborenes wiegt zwei Tonnen und ist fünf Meter lang.

Jeden Tag trinkt es bei seiner Mutter ungefähr 500 l Milch.
Man kann verstehen, dass das Baby schnell wächst.
Walmilch ist nahrhaft und dickflüssig wie Sahne.
Das Baby muss die Milch nicht wie alle anderen Kinder
aus den Zitzen saugen, sie wird ihm von den Muskeln,
die rund um die Milchdrüsen liegen, ins Maul gespritzt.
Deshalb dauert das Säugen nur ein paar Sekunden.
In dieser kurzen Zeit trinkt der kleine Wal zwölf Liter Milch.

Cynthia D'Vincent

Die Körperteile eines Wales benennen

1 Beschrifte die Körperteile des Bartenwals.

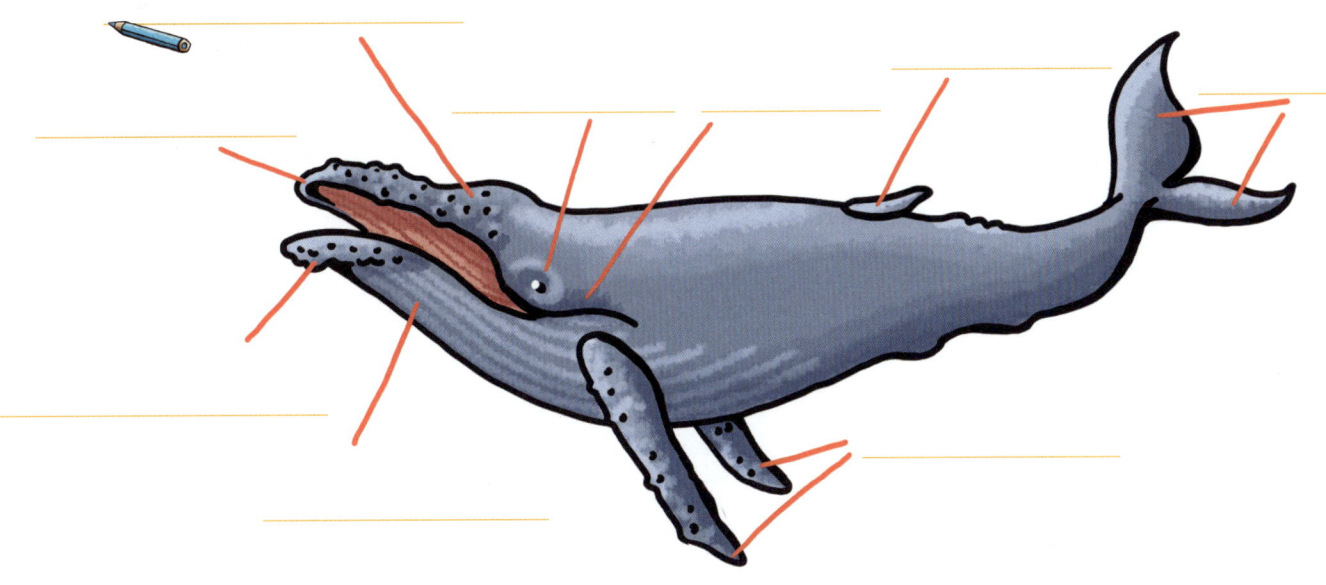

2 Finde heraus, in welchen zwei Merkmalen sich Bartenwale und Zahnwale unterscheiden.

1. _____

2. _____

3 Erkläre in Stichwörtern die folgenden Begriffe.

Blas	Fluke	Blubber

→ zu Seite 6/7

Ein eigenes Wal-Abc anlegen

Unterscheidet Nomen, Verben und Adjektive farbig!

1 Sammelt in diesem Abc Wörter, die euch bei der Arbeit mit den Walen und dem Meer begegnen.
Klärt Wörter, deren Bedeutung ihr nicht kennt.

Wal-Abc

A _____

B Bartenwal _____

C _____

D _____

E _____

F fressen _____

G _____

H _____

I _____

J _____

K _____

L _____

M _____

N _____

O _____

P _____

Q _____

R _____

S _____

T tief _____

U _____

V _____

W _____

XYZ _____

2 Vergleiche dein Abc mit den Ergebnissen anderer Kinder.

→ zu Seite 8/9

Einen Steckbrief zum Blauwal verfassen

1 Der Blauwal ist der Gigant unter den Walen.
Auf verschiedenen Seiten findet ihr Informationen über ihn.
Tragt sie in den Steckbrief ein.

Steckbrief: Der Blauwal

Größe: _____

Gewicht: _____

Nahrung: _____

Lebensraum: _____

Nachwuchs: _____

Familie: _____

Feinde: _____

So alt kann er werden: _____

Besonderheiten: _____

_____

_____

_____

2 Recherchiert im Internet oder in Büchern weiter und ergänzt
euren Steckbrief. Nutzt ihn für einen kleinen Vortrag.

→ zu Seite 10/11

Die Wanderwege der Wale einzeichnen

1 Beschrifte mit Hilfe einer Weltkarte die Kontinente.

2 Suche und markiere in der Weltkarte Deutschland, das Nordpolarmeer und Grönland.

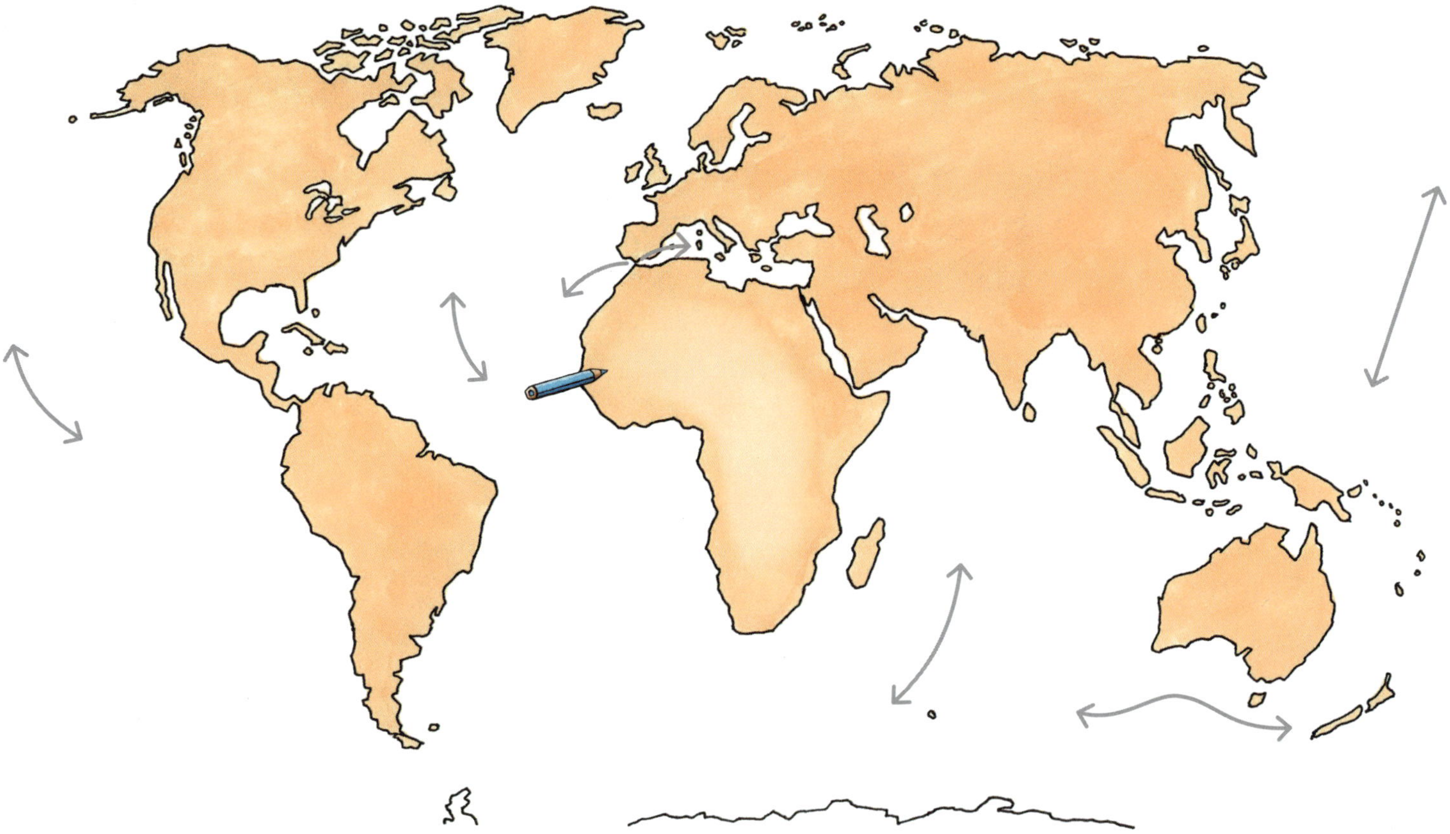

3 Finde heraus und schreibe auf, welcher Wal auf den eingezeichneten Routen wandert.

4 Zeichne in die Karte mit verschiedenen Farben die Wanderwege der Wale ein, die dich am meisten interessieren.

→ zu Seite 22/23

Die Längen der Wale in einem Schaubild darstellen

1 Finde heraus, wie lang die Wale auf Seite 24 ungefähr sind.

2 Trage die Wale nach der Länge geordnet in das Diagramm ein.
Verwende zwei verschiedene Farben für **Zahnwale** und **Bartenwale**.

Längen der Wale

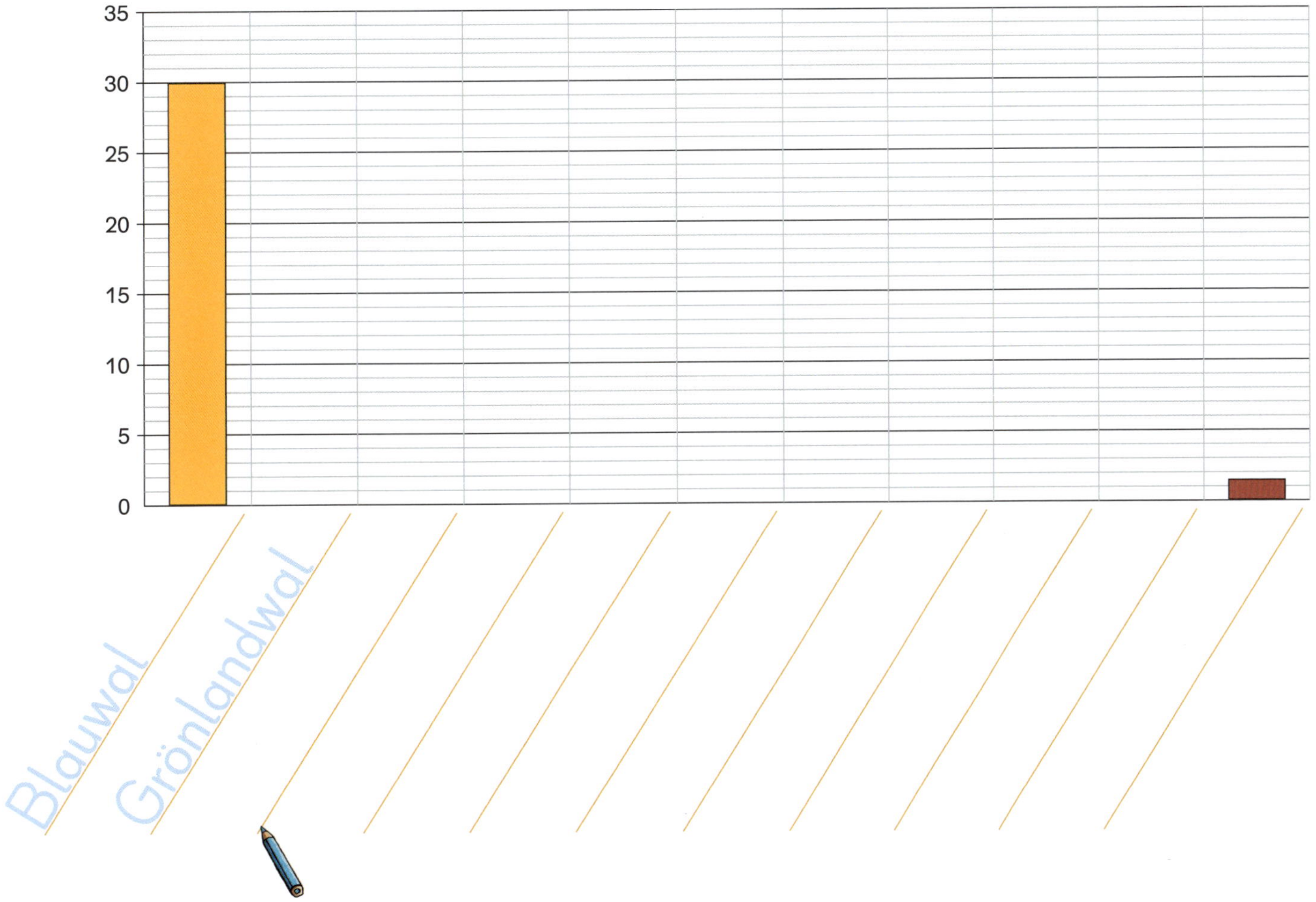

 3 Betrachtet und besprecht eure ausgefüllten Diagramme.
Notiert zwei wichtige Informationen, die ihr dem Diagramm entnehmen könnt.

1. _____

2. _____

→ zu Seite 24/25

Walen helfen – im Internet recherchieren

1 Recherchiere auf den angegebenen Internetseiten der Seite 29, was zum Schutz der Wale wichtig ist.

2 Notiere die Informationen und gib an, wo du sie gefunden hast.

Plastikmüll

Gefunden bei:

Gefunden bei:

Gefunden bei:

Gefunden bei:

3 Erfinde ein eigenes Logo zum Walschutz und zeichne es in die Mitte.

→ zu Seite 26–29

Ein Rätsel lösen: Rekorde den Walen zuordnen

Viele Walarten lassen sich durch besondere Eigenschaften beschreiben und brechen Rekorde. Kennst du dich aus?

1. Löse das Rätsel und male das Lösungswort in das freie Feld.

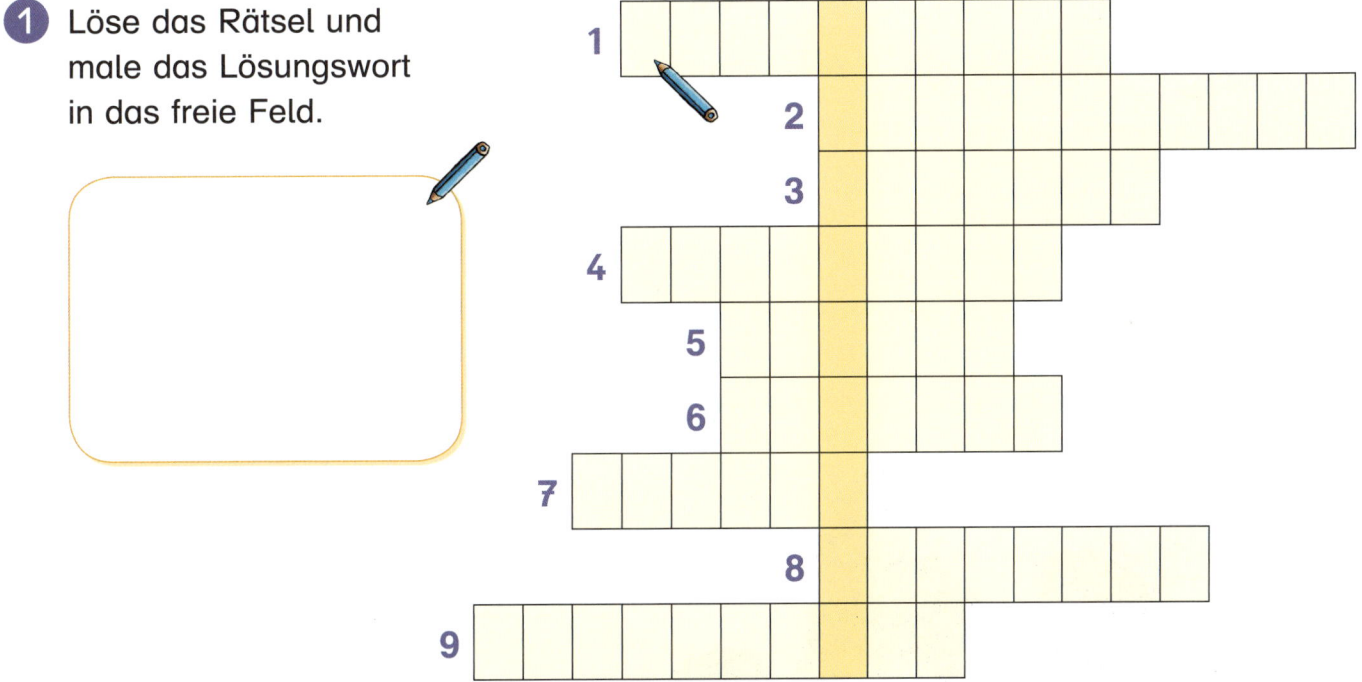

1. Er gehört zu den schnellsten Walen und heißt auch Orca.
2. Er ist der kleinste Wal Europas und lebt als einziger in Deutschland in der Nord- und Ostsee.
3. Er kann mehrere Tausend Meter tief tauchen und frisst gern Kraken.
4. Er ist bekannt für seine Gesänge, die man unter Wasser über Hunderte von Kilometern hören kann.
5. Sie leben das ganze Jahr über im arktischen Meer und fallen durch einen langen Stoßzahn auf.
6. Er ist das größte lebende Säugetier der Erde und wiegt ungefähr so viel wie 30 Elefanten.
7. Er ist der intelligenteste Wal und dafür bekannt, schon Menschen aus Seenot gerettet zu haben.
8. Die kleinsten Wale gehören zu dieser Gruppe der Wale, die gern Fische, Kraken und manche von ihnen sogar Robben und Pinguine fressen.
9. Die größten Wale gehören zu dieser Gruppe der Wale, die sich von Krill und kleinen Krebsen ernährt.

→ zu Seite 30/31

Über das Projekt nachdenken

1 Trage deine Gedanken über das Projekt in die Felder ein.

| Mir hat besonders viel Spaß gemacht | Das möchte ich mir merken |

| Gut gelungen ist uns bei der Projektarbeit |

| Das würde ich beim nächsten Projekt verbessern | Das möchte ich noch zum Projekt sagen |

2 Setzt euch zusammen und tauscht euch dazu aus.

→ zu Seite 39

Ich habe als Baby 5 Milchflaschen am Tag getrunken. Wie viele wären das wohl bei einem Wal-Baby?

2 Überlegt, was ein neugeborenes Wal-Baby braucht, um gesund und glücklich zu sein.

a) Zeichnet dazu den Umriss eines kleinen Wals.

b) Schreibt darin alles auf, was zu seinem Glück gehört.

3 Schreibt eure Wünsche zur Geburt in einem Brief oder einer Wunschkarte auf.

4 Gestaltet eine Glückwunschkarte.

Lebensräume und Wanderwege der Wale aufzeigen

1. Besorgt euch eine große Weltkarte oder zeichnet sie selbst auf eine große Plakatwand. Beschriftet Meere und Kontinente.

2. Zeichnet mit den passenden Farben die Wanderrouten der Wale ein und beschriftet eure Zeichnung.

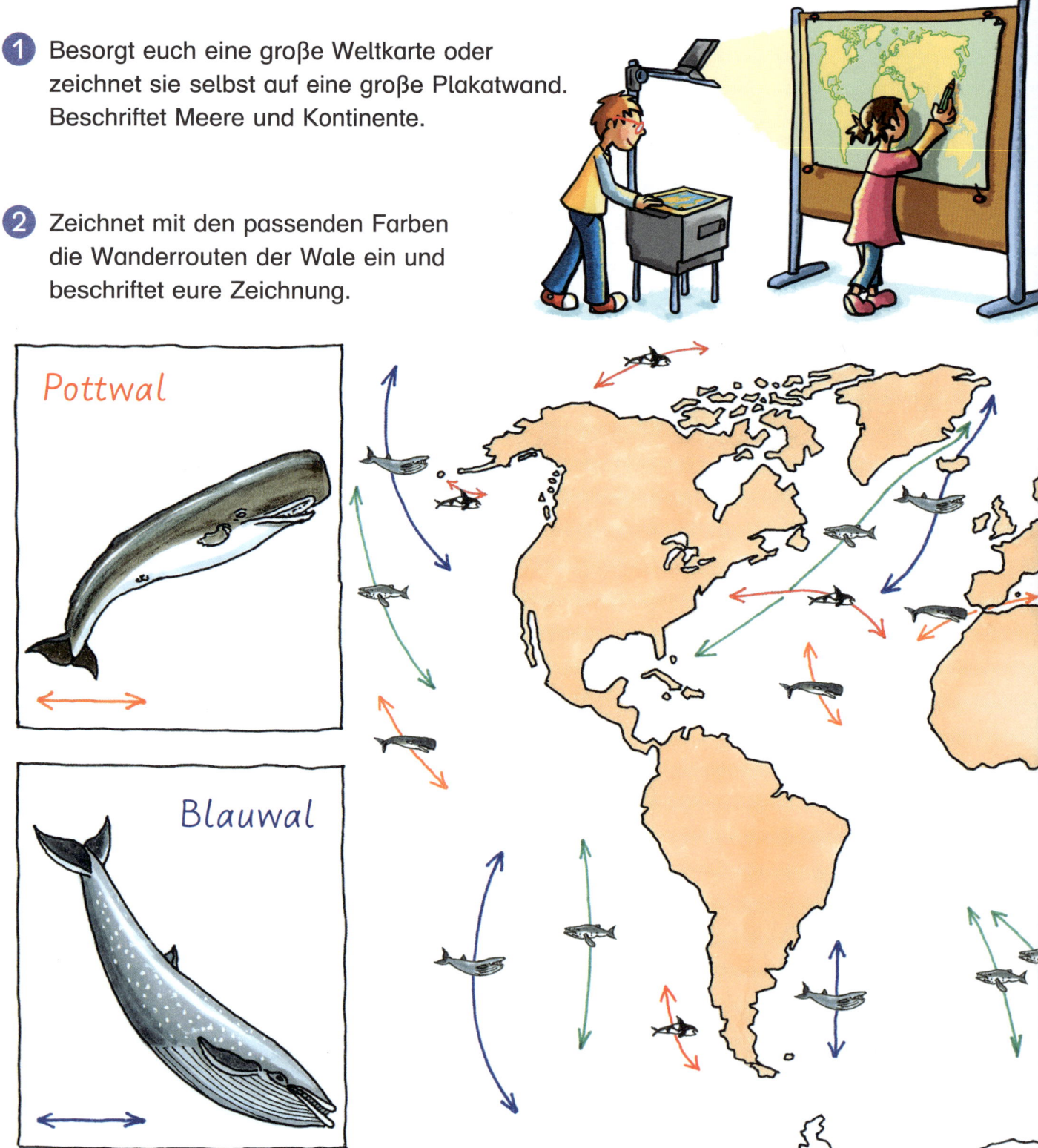

In allen Weltmeeren gibt es Wale, in der Nähe von Küsten ebenso wie im tiefen Ozean.
Auch in kleineren Meeren wie dem Mittelmeer leben Wale, zum Beispiel Delfine oder Pottwale.

→ siehe Seite IV

 3 Damit eure Karten anschaulicher werden, hängt Bildkärtchen der Wale am Rand der Karte auf.

 4 Erklärt den Kindern eurer Klasse eure Arbeit und eure Landkarte der Wale.

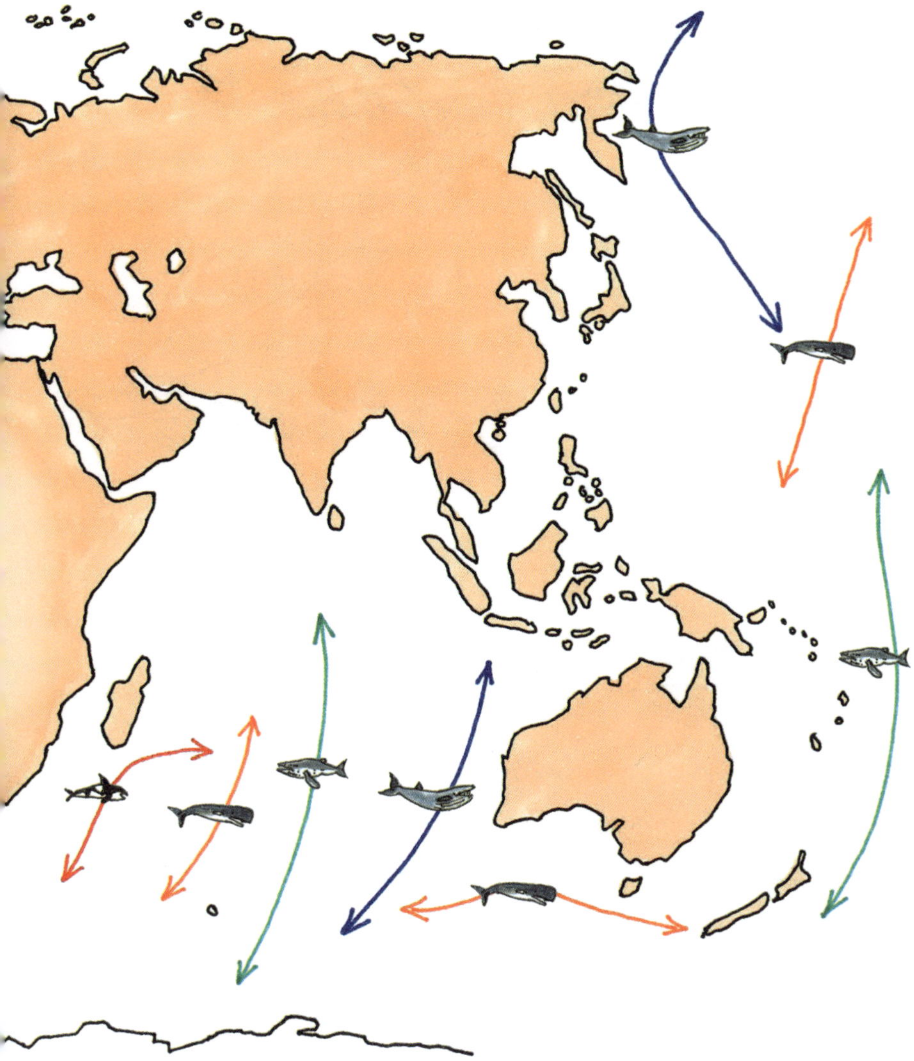

Orca

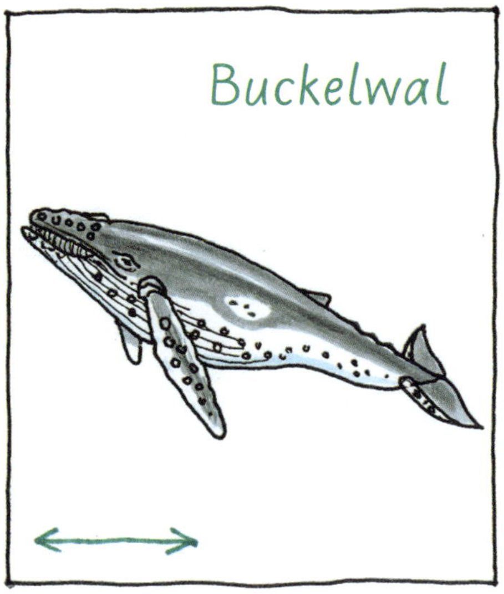

Buckelwal

Während Zahnwale nur wenig wandern, legen die meisten Bartenwale ähnlich wie Zugvögel jedes Jahr große Entfernungen zurück.
Wale aus den Nordmeeren ziehen im Winter nach Süden in warme Gewässer, Wale der südlichen Gewässer nach Norden.

→ siehe Seite IV

Die Längen der Wale in einem Schaubild darstellen

1 Sucht euch mindestens acht Wale aus und findet heraus, wie lang sie sind. Legt dazu eine Tabelle an und tragt eure Ergebnisse ein.

Wal	Länge
Schweinswal	2 m
Orca	8,5 m
...	...

Orca (Atlantik, Arktis)
Grindwal (Atlantik, Nordsee, Mittelmeer)
Grönlandwal (Arktis)
Pottwal (Atlantik, Mittelmeer)
Narwal (Arktis)
Beluga (Arktis)
Finnwal (Atlantik, Mittelmeer)
Großer Tümmler (Atlantik, Mittelmeer, Nordsee)
Buckelwal (Atlantik)
Schweinswal (Atlantik, Nordsee, Ostsee, Mittelmeer)
Blauwal (alle Ozeane)

1 m

Auch in den Meeren Europas fühlen sich viele Walarten zuhause.
Hier findet man die **Riesen** und die **Zwerge** der Wale.

→ siehe Seite V

 2 Erstellt ein Schaubild.

a) Dazu braucht ihr: eine Stellwand und Tonpapierstreifen (ca. 7 cm breit).

b) Bereitet für jeden Wal einen Streifen Tonpapier in der passenden Länge vor.
Verwendet für 1 m eines Wals 5 cm vom Tonpapier.

c) Klebt sie als Streifendiagramm nebeneinander.

 3 Zum Weiterforschen: Welche eurer Wale sind Bartenwale? Welche Zahnwale? Stellt sie in verschiedenen Farben dar.

 4 Beschriftet und erklärt eure Plakate.

→ siehe Seite V

Esperanza – ein Plakat zum Walschutz entwerfen

1 Untersucht das Schaubild über die Entwicklung der Walbestände. Fasst eure Ergebnisse in einem kleinen Text zusammen.

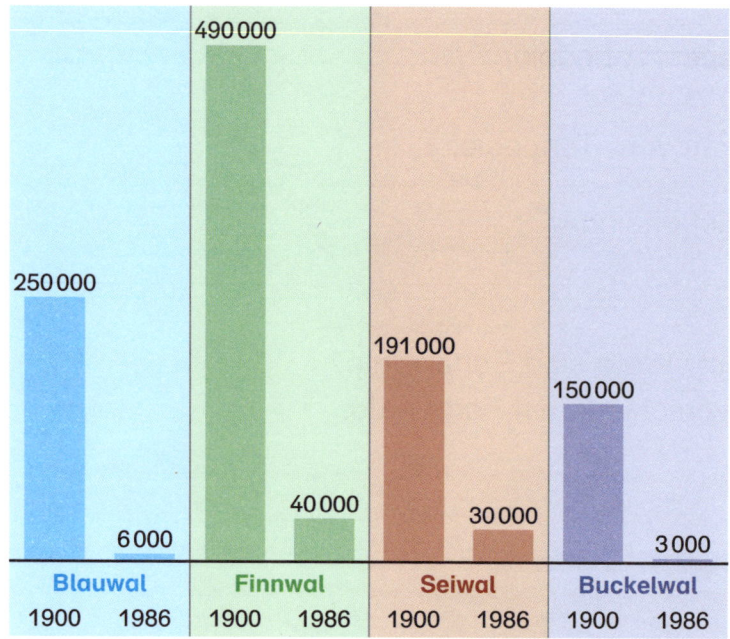

Die Menschen sind die Hauptfeinde der Wale. Durch den Walfang wurden im letzten Jahrhundert viele Walarten fast ausgerottet.

Ihr Fleisch und das Walfett waren früher wichtige Nahrungsmittel für die Menschen. Wegen all dieser Produkte waren sie eine lohnende Beute.

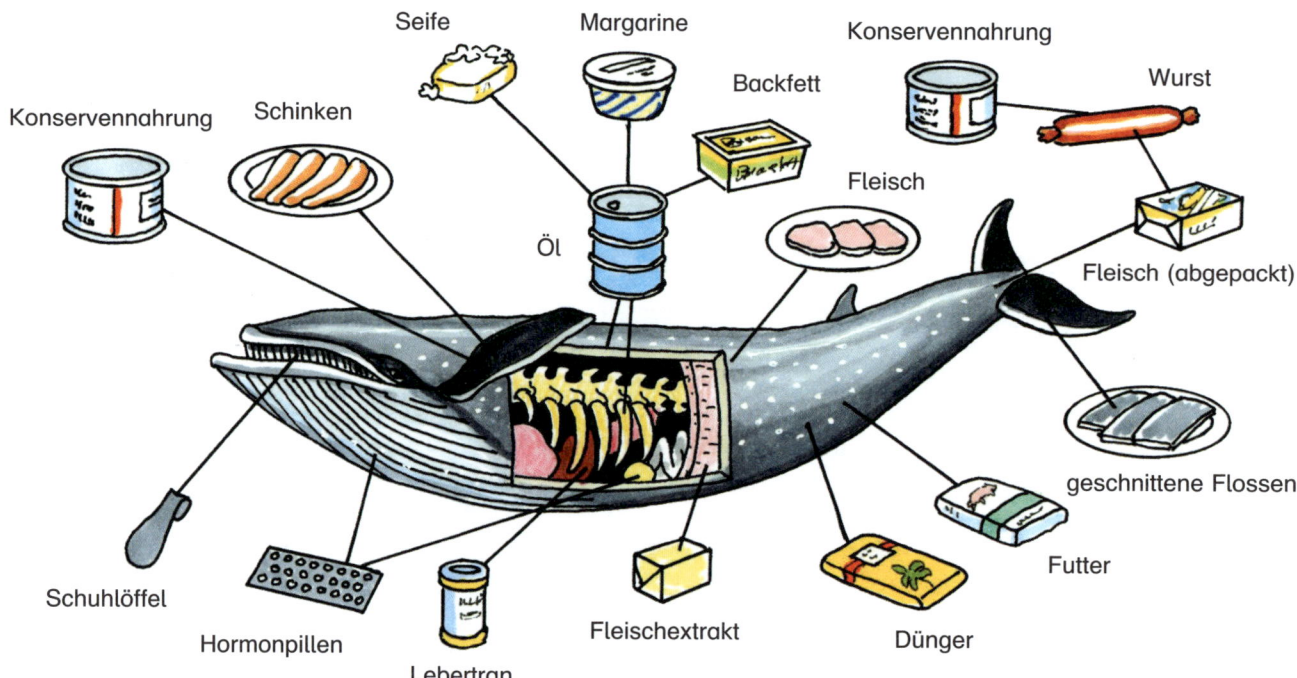

Heute muss wegen dieser Produkte kein Wal mehr sterben, denn man kann sie auf anderem Weg herstellen.

Seit 1986 gibt es ein weltweites Walfangverbot.
Seitdem dürfen nur noch die Einwohner der Arktis, die Inuit,
für ihren eigenen täglichen Bedarf Wale fangen und verwenden.
Der Schutz der Walbestände ist ihnen dabei wichtig,
da diese ihnen als Nahrungsquelle dienen.

 2 Begründet, warum der Name **Esperanza** zum Greenpeace-Schiff passt.

> Esperanza bedeutet auf Spanisch Hoffnung. Die Esperanza ist das neueste und größte Schiff der Greenpeace-Flotte. Mit ihr unternehmen Natur- und Umweltschützer von Greenpeace Aktionen rund um den Erdball zum Schutz des Regenwaldes und der Meere.
>
>
>
> Das Schiff ist mit einem Hubschrauberlandeplatz und modernsten Funksystemen ausgestattet. Es kann mit seiner internationalen Crew für mehrere Wochen im Eismeer unterwegs sein.
> Im antarktischen Walschutzgebiet verfolgen sie z. B. die japanische Walfangflotte. Das Ziel ist es, die Walfänger daran zu hindern, Wale zu fangen und zu töten.

 3 Gestaltet ein Infoplakat zum Thema **Wale schützen** mit allen wichtigen Informationen.

 siehe Seite VI

Walen helfen – im Internet recherchieren

Wale und Delfine werden heute durch zahlreiche Gefahren bedroht, die durch Menschen verursacht werden.

1 Ordnet die Texte den passenden Bildern zu. Erstellt eine Tabelle und tragt eure Ergebnisse ein.

1	2	3
c		

c Durch den Klimawandel schmelzen die Eisdecken am Nord- und Südpol ab. Dadurch nimmt die Hauptnahrung der Bartenwale, der Krill, in großem Maße ab.

a Giftabfälle im Meer vergiften sowohl die Tiere als auch ihre Nahrung. Andere Abfälle, z. B. Plastiktüten, werden verschluckt, verursachen Magen- und Darmverschluss oder andere Verletzungen und führen zum Tod der Wale.

b Durch den Lärm in den Meeren kann das Orientierungssystem der Tiere so sehr gestört werden, dass sie sich nicht mehr zurechtfinden.

→ siehe Seite VI

❷ Auf vielen Internetseiten findet ihr Informationen zu Walen und ihren Bedrohungen. Recherchiert selbst weiter.
http://www.kids.greenpeace.de
http://www.wale.org
http://www.wale-delfine.de

 ❸ Erstellt Plakate mit Bildern und Texten.

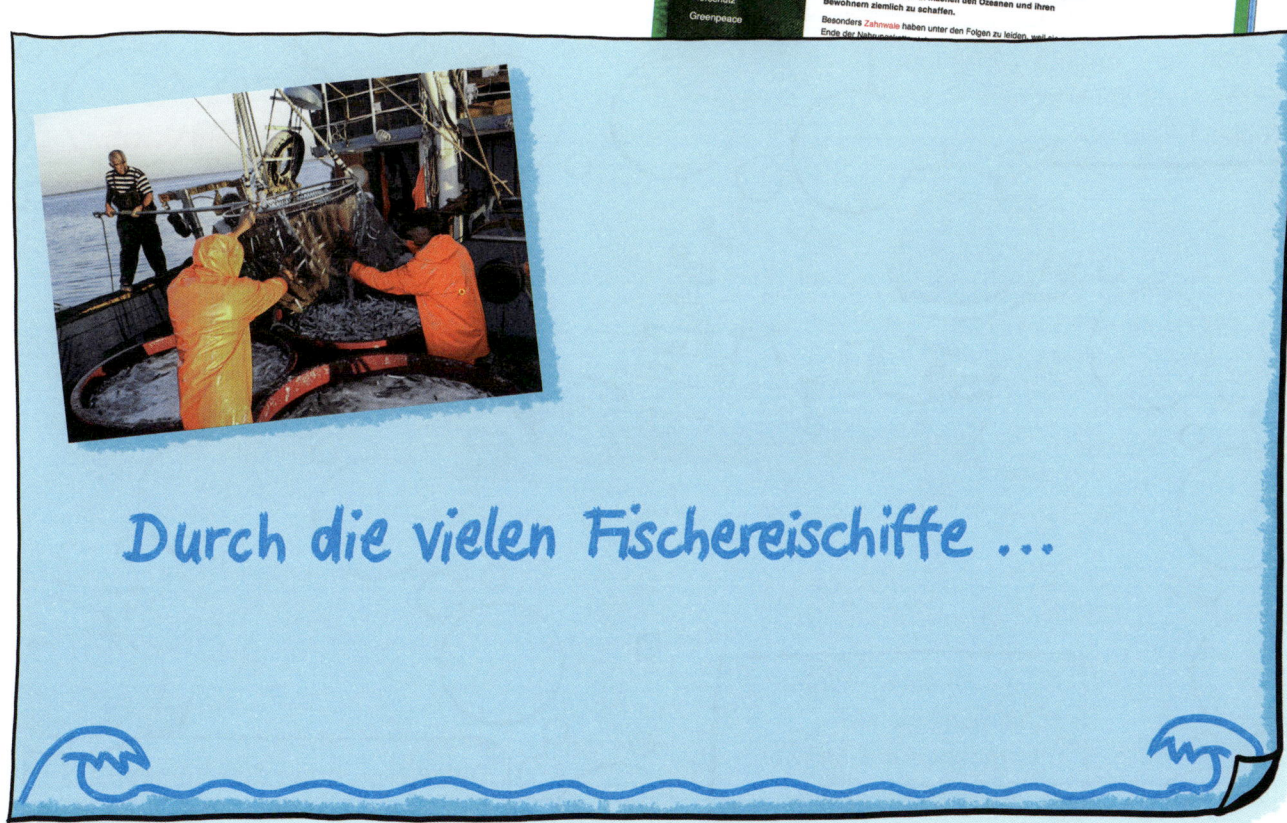

Durch die vielen Fischereischiffe …

 ❹ Sammelt Ideen, wie ihr den Walen helfen könnt. Entscheidet, was ihr durchführen wollt.

Folgende „Suchmaschinen" helfen dir ebenfalls weiter. Gib das Stichwort **Wale** ein.
http://www.fragfinn.de
http://www.kindernetz.de
http://www.blinde-kuh.de

→ siehe Seite VI

Ein Blauwal auf dem Weg ins Südpolarmeer

1 Überlegt euch zum Spielplan eure Spielregeln. Viel Spaß beim Spielen.

Die Reise beginnt. Du bist gerade erst 9 Monate alt und nun beginnt die Reise in die kältesten Gegenden der Welt. Rücke 1 Feld vor.

Ihr trefft eine andere Walgruppe und reist mit ihr weiter. Rücke 1 Feld vor.

Ihr trefft das Greenpeace-Schiff Esperanza. Die Besatzung ist unterwegs, um die Wale zu schützen. Würfle noch zweimal.

Ihr müsst einem Walfangschiff ausweichen und macht einen Umweg. Gehe 5 Felder zurück.

Deine Mutter hat den Sommer über fast nichts gefressen und freut sich auf reiche Nahrung im Eismeer. Rücke 2 Felder weiter.

→ siehe Seite VII

Eine Gruppe von Walbeobachtern entdeckt euch und ist überwältigt von eurer Größe. Rücke noch mal so viele Felder weiter, wie du gerade gewürfelt hast.

Ihr hört die wunderbaren Gesänge der Buckelwale und schwimmt mit ihnen. Würfle noch mal.

Du schwimmst immer in der Nähe deiner Mutter und bist sicher. Würfle noch mal.

Ihr habt die Eiskante fast erreicht. Dort lebt der Krill, auf den ihr richtig Hunger habt. Würfle noch mal.

Ihr seid mit einer Geschwindigkeit von bis zu 40 km/h unterwegs. Rücke 3 Felder vor.

Deine Mutter ist ganz hungrig und frisst ihre ersten 4 Tonnen Krill. Guten Appetit. Rücke ins Ziel!

ZIEL

 ❷ Denkt euch selbst ein solches Spiel zum Thema **Wale** aus.

→ siehe Seite VII

Die Welt der Wale – Bücher lesen und vorstellen

Hier seht ihr eine kleine Auswahl an Büchern zum Thema **Wale**.
Sie erzählen spannende und interessante Geschichten.
Gleichzeitig erfahrt ihr hier viel Interessantes über die Welt und
das Leben der Wale.

1 Wählt ein Buch aus, das ihr lesen und vorstellen möchtet.
Ihr könnt euch eines dieser Bücher oder ein anderes Buch,
auch ein Sachbuch über Wale, auswählen.

Am Strand von Tasmanien findet Sam einen Zwergpottwal, der gestrandet ist. Wie kann er ihm zurück ins Meer helfen? Für ihn alleine ist das Tier viel zu schwer. Eine spannende Rettungsaktion beginnt.

Manuel ist zwölf Jahre alt und lebt mit seiner Familie auf der Insel Madeira. Eines Tages gerät er in Seenot und wird von Delfinen gerettet. Gleichzeitig trifft er die Meeresbiologin Petra. Zusammen mit ihr beginnt er, sich für den Schutz der Wale vor der Insel einzusetzen.

Die Delfingeschichten erzählen mit Fantasie und Spannung über die Meeresabenteuer von Jungen und Mädchen und großen und kleinen Delfinen. Auf der CD im Buch kannst du dir auch einige der Geschichten anhören.

In diesem Sachbuch erfährt man viel über die freundlichen Delfine sowie über Zahn- und Bartenwale. Die Maus beantwortet Fragen zu den geheimnisvollen Gesängen, den außergewöhnlichen Sinnesleistungen, der Nahrung und viele mehr. Fotos und Illustrationen zeigen eine aufregende Unterwasserwelt.

2 Bereitet eine Buchvorstellung vor.

a) Nennt Titel und Autor des Buches und erzählt kurz über den Inhalt.

b) Überlegt euch, welche vier Menschen, Tiere oder Gegenstände aus dem Buch euch am wichtigsten sind. Malt sie auf und erzählt dazu.

 3 Nehmt Stellung zum Buch, ob ihr es weiter empfehlen könnt oder nicht. Begründet eure Meinung.

Geschichten schreiben und in einer Lesekartei sammeln

Wale regen die Fantasie der Menschen an. Vielleicht weil ihre Lebenswelt und ihr Leben noch so wenig erforscht sind. Deshalb sind sie geheimnisvoll. Außerdem scheinen manche von ihnen, insbesondere die Delfine, immer wieder den Kontakt zu den Menschen zu suchen. Daher sind sie uns sehr sympathisch.

1 Lest die Geschichte.

> In einem riesigen Delfinarium namens Waterworld lebt ein großes Tümmlerweibchen. Unverkennbar ist sie der Star der fantastischen Show. Sie heißt Lizzy. Täglich besuchen tausende Zuschauer die faszinierende Vorstellung von Waterworld.
>
> Doch auch wenn es noch so fabelhaft und eindrucksvoll aussieht, für die Delfine ist es einfach nur mühevolle Arbeit. Seit langen eineinhalb Jahren lebt (und arbeitet) Lizzy hier.
> Am Anfang war sie sehr ängstlich, denn als sie in ihrer Heimat, der schönen blauen Lagune, eingefangen wurde, war sie hilflos und konnte sich nicht wehren.
>
> Jeden Tag, wenn die Vorstellung vorbei ist und die lauten tosenden Zuschauer nicht mehr sichtbar sind, kommt ein alles andere als gefühlvoller Delfinwärter und kippt einen Eimer voll stinkender, feuchter, glitschiger Fische in das Wasser.
> Hungrig verschlingt Lizzy die matschigen Fische. Traurig wendet sie sich von ihrem ärmlichen Mittagessen ab, legt sich auf das spiegelglatte Wasser und gleitet lautlos und still über die weite Oberfläche.
>
> Krampfhaft versucht sie sich an die wundervolle blaue Lagune zu erinnern. Schreckliches Heimweh überkommt sie. Doch wer weiß, vielleicht darf sie irgendwann in unbestimmter Zeit wieder nach Hause, in das wunderbare Meer ...
>
> *Josefin*

❸ Überlegt, wozu ihr schreiben möchtet.
Malt zuerst ein kleines Bild von dem Wal,
über den ihr schreiben möchtet.

❸ Schreibt eure Geschichte auf und überarbeitet sie.

❹ Bringt sie für die Geschichtenkartei eurer Klasse in Form.

> Ideen zur Veröffentlichung eurer Texte:
>
> 1. Schreibt eure Texte am Computer.
> 2. Probiert verschiedene Schriftarten und Schriftgrößen aus.
>   Ihr könnt ein Bild einfügen oder die Seite nach dem Ausdruck gestalten.
>
>
>
> 3. Denkt immer daran, eure Texte zu speichern.
> 4. Macht euch von euren eigenen Texten einen Ausdruck für euer Walheft.

Wal-Gedichte schreiben und veröffentlichen

1 Lest das Gedicht. Es ist ein **Haiku**.

> Tief im dunklen Meer:
> Allein taucht der Riesenwal
> findet die Krake.

Diese Gedichtform stammt aus Japan und ist die kürzeste Form von Gedichten weltweit.

Der Bauplan eines Haiku ist immer gleich:
1. Zeile: 5 Silben
2. Zeile: 7 Silben
3. Zeile: 5 Silben

2 Schreibt ein oder mehrere Haikus über eure Lieblingswale.

a) Sammelt zuerst Ideen.

b) Malt ein kleines Bild von eurem Wal.

c) Schreibt fantasievolle Wörter auf, die euch dazu einfallen. Das Beispiel hilft euch dabei.

Tiefsee ✤ tief ✤ tauchen ✤ geheimnisvoll ✤ schwimmen ✤ riesig ✤ Krake ✤ Fangarme ✤ Leuchtfische ✤ hungrig ✤ auftauchen ✤ Meer ✤ Ozean ✤ tiefblau ✤ Wellen ✤ Freude ✤ abenteuerlich ✤ Maul ✤ Familie ✤ Reise ✤ Blubber ✤ eisig …

d) Verwendet diese Sammlung für eure Gedichte.

 3 Lest euch eure Gedichte gegenseitig vor und klatscht dabei die Silben.

4 Lest das Gedicht. Es ist ein **Akrostichon**.

> **WALKIND**
>
> Wo bin ich?
> An die Oberfläche geschubst.
> Liebevoll beschützt mich meine Familie.
> Komm, schwimm mit uns!
> Ich bin nicht allein.
> Neugierig tauche ich in die Tiefe.
> Das tiefblaue Meer umgibt mich.

Das Wort Akrostichon kommt aus der griechischen Sprache.

Bei einem Akrostichon wird ein Wort (z. B. Walkind) zum Thema des Gedichts.
Die Buchstaben dieses einen Wortes werden senkrecht untereinandergeschrieben.
Sie sind die ersten Buchstaben der einzelnen Zeilen des Gedichts.
Das ausgewählte Wort gibt das Thema für die Wörter oder Sätze
der einzelnen Zeilen vor.

5 Verfasst selbst ein Akrostichon.

a) Sucht euch dazu ein Wort aus, zu dem ihr gerne schreiben möchtet.
   Vorschläge: DELFINE, BLAUWAL, WELLEN, WELTMEER, REISE

b) Schreibt das Wort in Großbuchstaben untereinander und findet
   für jeden Buchstaben ein Wort oder einen Satz zum Thema.

6 Veröffentlicht eure Gedichte.
Nutzt dazu auch die Ideen von Seite 35.

SAVE THE WHALES – auf die Projektarbeit zurückblicken

1 Betrachtet das Plakat und tauscht euch in der Klasse über das Bild aus.

Hundertwasser: (777C) SAVE THE WHALES, Original-Poster, 1982

2 Überlegt, welche Botschaft Hundertwasser mit seinem Bild verbreiten wollte.

> Übersetzt mit Hilfe eines englischen Wörterbuches die Bildunterschrift auf dem Poster.

„Das Paradies ist ja da, wir machen es nur kaputt."
Friedensreich Hundertwasser

3 Der Künstler Friedensreich Hundertwasser gestaltete dieses Plakat
SAVE THE WHALES und schenkte es 1982 der Umweltorganisation Greenpeace.
Das Geld aus dem Verkauf des Posters erhielt die Umweltorganisation.

Gestaltet selbst ein Plakat mit eurer Wal-Botschaft.

- Was hat dir besonderen Spaß gemacht?
- Was ist euch bei der Projektarbeit gut gelungen?
- Was könnt ihr bei eurem nächsten Projekt verbessern?
- Was war für dich das Wichtigste, das du gelernt hast?
- Was du sonst noch zum Projekt sagen möchtest …

4 Lasst euch vom Plakat **SAVE THE WHALES** oder von eurem
selbst gestalteten Plakat einladen, eure Projektarbeit zu betrachten.
Schreibt eure Gedanken auf.

→ siehe Seite VIII

Projektheft
Wale

Herausgegeben von:	Roland Bauer, Jutta Maurach
Erarbeitet von:	Annette Schumpp
Redaktion:	Martina Schramm, Sabine Gerber, Kirsten Pauli
Illustration:	Yo Rühmer, Frankfurt am Main Gabriele Heinisch, Berlin (S. 11, 22/23, 24, 26)
Umschlaggestaltung:	Cornelia Gründer, agentur corngreen, Leipzig
Layout und technische Umsetzung:	lernsatz.de

www.cornelsen.de

Die Webseiten Dritter, deren Internetadressen in diesem Lehrwerk angegeben sind, wurden vor Drucklegung sorgfältig geprüft. Der Verlag übernimmt keine Gewähr für die Aktualität und den Inhalt dieser Seiten oder solcher, die mit ihnen verlinkt sind.

1. Auflage, 1. Druck 2016

Alle Drucke dieser Auflage sind inhaltlich unverändert und können im Unterricht nebeneinander verwendet werden.

© 2016 Cornelsen Verlag GmbH, Berlin

Das Werk und seine Teile sind urheberrechtlich geschützt. Jede Nutzung in anderen als den gesetzlich zugelassenen Fällen bedarf der vorherigen schriftlichen Einwilligung des Verlages.
Hinweis zu den §§ 46, 52a UrhG: Weder das Werk noch seine Teile dürfen ohne eine solche Einwilligung eingescannt und in ein Netzwerk eingestellt oder sonst öffentlich zugänglich gemacht werden.
Dies gilt auch für Intranets von Schulen und sonstigen Bildungseinrichtungen.

Druck: Parzeller print & media GmbH & Co. KG, Fulda

ISBN 978-3-06-081739-9

Dieses Heft ist Bestandteil des Pakets „Einsterns Schwester 3", Verbrauchsmaterial (ISBN 978-3-06-081737-5), und kann auch einzeln bestellt werden.

PEFC zertifiziert
Dieses Produkt stammt aus nachhaltig bewirtschafteten Wäldern und kontrollierten Quellen.
www.pefc.de